Dieses Buch gehört:

AF196758

_____

Das erste Buch

Neusser Kinder schreiben und malen für Kinder

Carl Schünemann Verlag

© Carl Ed. Schünemann KG, Bremen

Nachdruck sowie jede Form der elektronischen Nutzung
– auch auszugsweise – nur mit Genehmigung des Verlages.

Herausgeber für ‚Das erste Buch e. V.':
Marco Bode · Dr. Helmut Hafner · Andreas Kottisch · E. Servet Mutlu ·
Albert Schmitt · Hermann Schünemann · Christian Seidenstücker ·
Bülent Uzuner

Buchidee: Bülent Uzuner · Dr. Helmut Hafner

Buchkonzept: planetmutlu · Carl Ed. Schünemann KG

Printed in EU 2024 · ISBN 978-3-7961-1220-1

Die Buchseiten wurden klimaneutral und mit umweltfreundlichen Druckfarben
auf 100% Recyclingpapier gedruckt.

www.daserstebuch.de

Liebes Schulkind,

‚Das erste Buch' ist vielleicht gar nicht dein erstes
Buch. Es ist aber in jedem Fall ein besonderes Buch
und ein Geschenk für dich.

Über 950 Kinder und viele Lehrerinnen und Lehrer
haben an diesem Buch mitgearbeitet.

Die Schülerinnen und Schüler der dritten Klassen
haben lustige und spannende Geschichten erfunden
und sie aufgeschrieben. Sie haben viele bunte Bilder
dazu gemalt.

In deinem Buch findest du zu jedem Buchstaben eine
Geschichte und immer ein Bild dazu.

Viel Freude beim Lesen- und Schreibenlernen, viel
Spaß in der Schule

wünscht dir

Der Verein ‚Das erste Buch e.V.'

Das erste Buch
Deutsch

نخستین کتاب
Persisch

Il primo libro
Italienisch

İlk Kitap
Türkisch

Prva knjiga
Kroatisch

الكتاب الأول
Arabisch

El primer libro
Spanisch

Первая книга
Russisch

Το πρώτο βιβλίο
Griechisch

Prva knjiga
Bosnisch

Le premier livre
Französisch

Pierwsza książka
Polnisch

The first book
Englisch

Prva knjiga
Serbisch

O primeiro livro
Portugiesisch

Перша книга
Ukrainisch

Aa	Bb	Cc	
Dd	Ee	Ff	Gg
Hh	Ii	Jj	Kk
Ll	Mm	Nn	Oo
Pp	Qq	Rr	Ss
Tt	Uu	Vv	Ww
Xx	Yy	Zz	
Ää	Öö	Üü	ß

Affe

Was ist ein A?

An einem sonnigen Morgen spielte der Affe mit Blättern. Da kam eine Giraffe. Sie sang: „ABC ...?" Der Affe fragte: „Was ist ein A?" – „Du musst das lernen, lieber Affe", erklärte die Giraffe. „Das ist wichtig." Der Affe machte sich auf den Weg. Zuerst traf er ein Nilpferd und fragte: „Weißt du, was ein A ist?" – „Nein, das weiß ich nicht." Der Affe ging weiter. Da traf er einen Pelikan. „Hallo Pelikan, weißt du, was ein A ist?" – „Nein, ich möchte schlafen." Der Affe verlor langsam die Hoffnung. Der Pelikan schickte den inzwischen traurigen Affen zu seiner Mama. Dort fragte der Affe erneut: „Mama, weißt du, was ein A ist?" – „Mein Lieber", fing die Mama an, „ein A ist ein Buchstabe. Wir Affen beginnen sogar mit einem A. Merke dir: A wie Affe, das ist der erste Buchstabe vom Alphabet." Dank seiner Mama wusste der Affe nun für sein ganzes Leben, was ein A ist!

Nadja Sehmehmedovic, Klasse 3b, Münsterschule

← Dielli Hysaj, Klasse 3b, Münsterschule

Nadja Sehmehmedovic, Klasse 3b, Münsterschule

Brücke

Die magische Brücke

An einem sonnigen Tag ging Tom zum Strand. Neben dem Meer sah er eine magische Brücke. Tom fragte sich: „Was ist das denn?" Er rannte zur Brücke und dort entdeckte er einen kleinen leuchtenden Stern. Tom sagte erstaunt: „Wow! Ist es vielleicht der Stern aus der Legende?" Eine alte Legende besagt, dass jeder, der den Stern sieht, eine Superkraft bekommt. Nach einiger Zeit kam ein Musiker dazu und spielte Gitarre. Die Menschen schauten neugierig aus dem Fenster und blinzelten nicht. Plötzlich wurde der kleine Stern immer größer und größer! Die ganze Stadt leuchtete hell. Alle Leute, die den Stern anschauten, bekamen eine Superkraft. Sie konnten teleportieren und von einem Ort an einen anderen gelangen, ohne sich zu bewegen. Die magische Brücke hatte ihnen den Zauber geschenkt. Alle Menschen waren glücklich und reich an Superkräften.

Alina Bersanov, Klasse 3a, GGS Die Brücke

← Lina Mahrach, Klasse 3a, GGS Die Brücke

Timo Hoppe, Klasse 3a, GGS Die Brücke

Clown

Clown Peppa

An einem schönen Morgen ging Clown Peppa traurig durch den Zirkus. Sie war so traurig, weil niemand über sie lachte. Sie hatte schon vieles versucht, aber es funktionierte kein Trick. Da kam ihr der Zirkusdirektor entgegen und sagte: „Peppa, du musst dein Kostüm anziehen. Gleich geht es los!" Peppa antwortete: „Wieso? Es lacht doch eh keiner über mich." – „Ach, komm schon. Diesmal wird es sicherlich was!", sagte der Zirkusdirektor. Peppa ging noch ein paar Meter weiter, als sie ein Jaulen und ein Rascheln in den Büschen hörte. Dann sprang sie plötzlich etwas an. Es war ein schöner, brauner Hund. Um seinen Hals hing ein Zettel: „Hallo, ich suche ein neues Zuhause für meinen Hund Tim." Peppa war sofort klar, dass sie Tim behalten wollte. Gemeinsam lernten sie viele Tricks und traten im Zirkus als Clowns auf. Jeder lachte und sie bekamen viel Lob. Peppa und Tim blieben für immer zusammen.

Emmi Franzen, Klasse 3a, St.-Martinus-Schule

← Klara Affeldt, Klasse 3a, St.-Martinus-Schule

Lejla Samardžić, Klasse 3a, St.-Martinus-Schule

Die Drachenhöhle

Vor vielen Jahren lebte eine schöne Prinzessin in einem fernen Land. Ihr Land wurde von einem gefährlichen Drachen bedroht, weshalb sie in einen hohen Turm eingesperrt wurde. Viele mutige Ritter versuchten, den Drachen zu besiegen, doch sie bekamen Angst, als sie ihn sahen. Eines Tages wollte die Prinzessin nicht länger im Turm bleiben und brach aus. Kurze Zeit später kam ein Ritter mit einer alten und rostigen Rüstung. Die anderen Ritter lachten über ihn, doch er ging trotzdem in die dunkle Höhle.

Plötzlich erschienen zwei feuerrote Augen und ein lautes Fauchen ertönte. Der Ritter beruhigte den Drachen und bemerkte, dass sein Schwanz unter einem Felsen eingeklemmt war. Er befreite ihn und der Drache wurde sofort friedlich.

Der Ritter wurde gefeiert. Als er den Helm auszog, rief der König verwundert: „Das ist ja meine Tochter!" Sie hatte sich als Ritter verkleidet und den Drachen gerettet.

Tristan Kammler, Klasse 3c, Pestalozzischule

← Hannah Schmidt, Klasse 3b, Pestalozzischule

Moritz Kaselow, Klasse 3b, Pestalozzischule

Elefant

Ein Elefant auf der Kirmes

Es war einmal ein kleiner Elefant namens Elmo.
Elmo wollte zusammen mit seinen Freunden
Abenteuer erleben. Seine Freunde waren die Ente
Elisabeth und der Esel Eliso. An einem schönen
Sommertag im Mai hatte Elmo eine Idee: Er wollte
mit seinen Freunden Elisabeth und Eliso auf die
Kirmes. Elmo fragte sie und sie hatten tatsächlich
Zeit. Und so gingen sie los. Als die drei ankamen,
schlug Elisabeth vor: „Ich habe eine witzige Idee.
Lasst uns nur Sachen mit dem Buchstaben E
machen." Fällt euch vielleicht auch etwas mit E ein?
Zum Beispiel Entenangeln, das Elefanten-Karussel
oder das Eselhüpfen. Natürlich wollte Elmo auf das
Elefanten-Karussel. Elisabeth ging selbst-
verständlich zum Entenangeln und wohin ging
Eliso? Richtig, er wollte zum Eselhüpfen. Als alle
drei fertig waren, trafen sie sich und aßen
zusammen Erdbeeren in Schokolade.

Helena Gierth, Klasse 3c, St.-Konrad-Schule

← Cemre Köktas, Klasse 3b, St.-Konrad-Schule

Arin Diljin Sayik, Klasse 3a, St.-Konrad-Schule

Ee

Frieden

Als die Tiere und Menschen einen Streit hatten

Einmal wollten die Tiere es im Winter grün haben. Jawohl! – Sie wünschten sich grüne Wiesen und Bäume. Am Weihnachtstag rannten sie in die Häuser und stahlen die Tannenbäume der Menschen. Das machte die Menschen so traurig, dass sie in der Nacht die Bäume wiederholen wollten. Doch die Nachttiere schlugen Alarm! Am nächsten Tag rief ein Mensch: „Warum habt ihr uns die Tannenbäume für das Weihnachtsfest gestohlen?" Darauf antwortete ein Erdmännchen: „Wir möchten nur im Winter etwas Grünes haben, es ist alles so grau." – „Warum feiert ihr Menschen eigentlich Weihnachten?", fragte der Waschbär. „Wir feiern die Geburt Jesu. Weihnachten ist das Fest der Liebe, es überwindet den Hass und schafft Frieden", antwortete ein kleines Mädchen. „Lasst uns doch alle zusammen feiern!", riefen die Tiere begeistert. So feierten sie zusammen in Frieden das Weihnachtsfest.

Ricarda Theissen, Klasse 3a, Adolf-Clarenbach-Schule

← Sofia Erzgräber, Klasse 3b, Adolf-Clarenbach-Schule

Frieden

Fabio Brandão, Nick Dorweiler und Luca Nickolaus,
Klasse 3b, Adolf-Clarenbach-Schule

Glockenspiel

Das Glockenspiel

Schon am Morgen war Lisa ganz aufgeregt. Endlich Schützenfest! Jedes Jahr ging sie mit ihrem Papa und ihrer großen Schwester Ina hin. Nach dem Schützenzug gingen sie zum Glockenspiel. Als Lisa die ersten Töne hörte und die Figuren herauskamen, platzte ein lautes: „Juchhu!" aus ihr heraus. Ina warf ihr einen genervten Blick zu, aber das war Lisa egal, denn sie hatte gerade gesehen, dass eines der Pferdchen vom Glockenspiel gesprungen war, was sie ihrer Familie erzählte. „Sei doch nicht doof!", sagte Ina nur dazu. Lisa donnerte davon: „Ich suche jetzt das Pferdchen!" Nach kurzer Zeit fand sie den Minischützen, der auf dem Pferd gesessen hatte, und mit einem lauten Knacken sprang auch das Pferdchen aus dem Gebüsch. Sie brachte die beiden zurück zum Glockenspiel. „Vielleicht hattest du doch recht", meinte Ina. Als ihre Mutter sie am Abend ins Bett brachte, sagte Lisa: „Das war das beste Schützenfest der Welt!"

Lea Schubert Otaegui, Klasse 3a,
Friedrich-von-Bodelschwingh-Schule

← Aléa Yve Bal, Klasse 3b,
Friedrich-von-Bodelschwingh-Schule

Tilda Degelmann, Klasse 3b, Friedrich-von-Bodelschwingh-Schule

Honig

Das leere Honigfass

Es war einmal ein Bär. Der mochte am liebsten Honig. Eines Tages war sein Honigfass leer. Der Bär wollte herausfinden, wer den Honig macht, um sein Fass wieder aufzufüllen.

Also ging er los zum Wildschwein. Beim Wildschwein angekommen, fragte er: „Mein Honigfass ist leer. Machst du Honig?" – „Nein! Aber vielleicht kann dir die weise Eule weiterhelfen." Dann ging der Bär los. Da, die Eule saß auf dem Ast. „Eule, weißt du, wer Honig macht?", fragte der Bär sofort. „Ja!", antwortete die Eule „Wieso willst du das denn wissen?" – „Mein Honigfass ist leer", erwiderte der Bär. „Ich verstehe! Die Bienen machen den Honig", verriet die Eule. „Nicht das Wildschwein?", fragte der verwirrte Bär. „Nein! Dann geh mal los." Die Eule schickte ihn fort. Da sah der Bär Bienen und wusste, dass er hier hingehen konnte, wenn sein Fass wieder leer war.

Frieda Hepermann, Klasse 3, Martin-Luther-Schule

← Yagmur Citim, Klasse 3, Martin-Luther-Schule

Luise Pelzer, Klasse 3, Martin-Luther-Schule

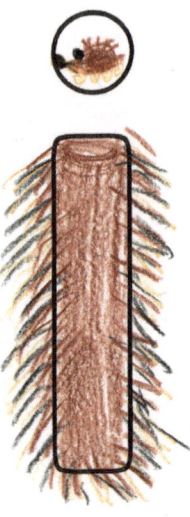

Igel

Igel Eddie und die Korken

Es war einmal eine Insel. Auf der Insel lebte ein Igel. Der Igel hieß Eddie. Eddie ging raus, um die Gartenarbeit zu erledigen. Auf einmal fing es an zu regnen. Eddie hasste Regen. Schnell rollte er sich zusammen und kullerte durch die Gegend. Auf einmal rief jemand: „Autsch!" Eddie schaute auf. Da stand Susi, der Maulwurf.

„E... En... Entschuldigung", stotterte Eddie. Susi seufzte: „Ach Eddie! Wenn das so weitergeht, muss ich wohl umziehen." – „Nein! Du darfst nicht umziehen!", rief Eddie erschrocken. „Du bist doch meine beste Freundin! Ich finde eine Lösung", versicherte er. Am nächsten Tag lief er zu Susis Höhle und rief: „Ich hab die Lösung!" – „Und was ist die Lösung?", fragte Susi. „Na, schau doch", rief Eddie. Susi schaute und staunte: „Du bist ja genial, Eddie!" Eddie hatte Korken auf die Stacheln gesteckt. „Jetzt kitzeln die Stacheln nur noch!" Und wenn sie nicht gestorben sind, dann leben sie noch heute.

Vaya Katsogridakis, Klasse 3a, Leoschule

← Adelia Kibler, Klasse 3b, Leoschule

Lilou Braun und Nhu Anh Bùl, Klasse 3a, Leoschule

Jaguar

Die große Jaguarliebe

Es war einmal eine wunderschöne Jaguardame, ihr Name war Mia. Sie war so hinreißend, dass jeder sie liebte. Mia hatte ganz viele Verehrer! Einer hieß Tim, ein anderer Tom und dann war da natürlich noch Franz. Franz war der allernetteste von allen.

Ihre Verehrer folgten Mia überallhin. Eines Tages gingen sie zusammen auf den Spielplatz und Tom fragte: „Mia, wen von uns dreien heiratest du denn jetzt?" Mia antwortete: „Ich schaue mal, wer am nettesten zu mir ist!"

Da waren die Jungs hin und weg und sie halfen Mia immer so gut sie konnten. Nur Franz konnte nicht helfen, weil er immer von den anderen Jungs ausgeschlossen wurde. Eines Tages rief Mia: „Ich habe mich entschieden! Ich heirate ... Franz! Ihr habt ihn ausgeschlossen, das macht man nicht!"

Bald darauf wurde die Hochzeit gefeiert und Mia und Franz lebten zusammen bis ans Ende ihres Lebens! Sie waren das schönste Jaguar-Paar des Dschungels.

Antonia Goffart, Klasse 3b, Kreuzschule

← Tatyana Kazakova, Klasse 3b, Kreuzschule

Delia-Simona Crăciun, Klasse 3b, Kreuzschule

Karneval

Aufregung an Kappessonntag

Heute ist Kappeszug. Kiara freut sich auf die Funkemariechen, Karl auf Kamelle. Aufgeregt schlüpfen sie in ihre Kostüme. Doch beim Umzug fehlen die Funkemariechen. Deshalb rennen beide zum Kardinal-Frings-Haus, dem Treffpunkt der Funkemariechen. Karl findet einen Zettel auf dem Boden. „Wer diesen Zettel liest, muss herausfinden, was wir heute feiern. Nehmt den ersten Buchstaben, dann wisst ihr, wo wir sind." – „Karneval", ruft Kiara. „Krankenzimmer beginnt mit K!" Schnell laufen sie und öffnen die verriegelte Tür. Dort sitzen die Funkemariechen gefesselt auf dem Boden. „Ein schwarz-gelb gekleideter Mann hat uns eingesperrt!", rufen sie. „Der Mann im Bienenkostüm", kombiniert Karl. Sie laufen die Treppe hinunter, überwältigen den Täter und rufen die Polizei. Die Funkemariechen bedanken sich bei Kiara und Karl. „Ihr habt uns befreit! Zur Belohnung bekommt ihr eine Extrashow." Da freuen sich Kiara und Karl riesig.

Sophia Draguhn, Klasse 3b, Karl-Kreiner-Schule

← Marvelous Phillips, Klasse 3b, Karl-Kreiner-Schule

Sophia Stange, Klasse 3c, Karl-Kreiner-Schule

Leiter

Laterne

Limo

LEGO

Luft

Im Reich der Wolken

Neulich war ich auf der Kirmes. Dort kaufte ich mir einen Luftballon. Plötzlich kam eine heftige Windböe und riss mich und meinen Ballon in die Luft. In der Luft kam ich ins Reich der Wolken. Kurz darauf legte mein Ballon mich auf eine besonders kuschelige Wolke und ich schlief sofort ein. Ich träumte, dass ich selbst ein Luftballon war und fliegen konnte. Ich flog glücklich höher und höher und sah mir die Welt von oben an.

Marlon Semrau, Klasse 3a, Görresschule

← Alessia Strumm, Klasse 3b, Görresschule

Sophie Heinrichs, Klasse 3a, Görresschule

Ll

Martin

Sankt Martin und der Opa

Martin war ein netter Junge. Er ging zur Burgunder-
schule und er war sehr schlau. Martin liebte es zur
Burgunderschule zu gehen und Martin liebte Fußball.
Sein Lieblingsessen war Salat.

Eines Tages, als er nach Hause ging, war da ein Opa.
Der hatte nur noch ein Bein. Er brauchte dringend
Hilfe. Martin hat ihm geholfen und der Opa sagte:
„Danke, junger Mann." Martin sagte: „Bitteschön!"
Martin ging nach Hause und war stolz, dass er
jemandem geholfen hatte. Als Martin am nächsten
Tag zur Schule ging, war dort wieder der Opa. Und er
hatte ein Geschenk dabei. Es war ein roter Mantel.
Martin war glücklich, dass er ein Geschenk
bekommen hatte. Er und der Opa wurden gute
Freunde und Martin lud den Opa zum Kaffee ein. Sie
haben viel geredet, gespielt und sie gingen
spazieren. Martin wurde in der ganzen Stadt beliebt
für seine Nettigkeit und deshalb nannten die Leute
ihn seitdem Sankt Martin.

Ben Müller und Mustafa Demir,
Klasse 3b, KGS Burgunderschule

Reval Al Khayat, Klasse 3a, KGS Burgunderschule

Mm

Neuss

Unser Neuss

Liebe Erstklässler der Stadt Neuss, mein Name ist Paulina Lucas und ich wohne im schönen Stadtteil Reuschenberg und bin Schülerin der 3a der St. Hubertus Grundschule.

Hier im schönen Neuss gibt es total viele Sachen, die man besichtigen oder erleben kann, zum Beispiel das Quirinus-Münster. Das ist eine wunderschöne Kirche. Kinder werden dort häufig getauft. Aber es ist auch eine schöne Sehenswürdigkeit für Neuss.

Außerdem gibt es auch das Romaneum. Ich selber habe dort Bratschenunterricht. Wenn ihr ins Foyer geht und nach unten guckt, seht ihr Überreste der Römer. Wenn ihr genau hinschaut, entdeckt ihr vielleicht ein bisschen Geld. Und wenn ihr auch auch etwas spenden möchtet, dürft ihr gern etwas hineinwerfen.

Aber es gibt ja auch noch die Stadthalle. Ich bin sogar dort schon ein paarmal aufgetreten. Vielleicht geht ihr ja auch mal dorthin! Vor der Stadthalle stehen noch zwei Statuen, ein Mann und eine Frau. Der Mann trägt einen Zylinder auf dem Kopf und hat einen Umhang auf dem Rücken und die Frau hat eine Hochsteckfrisur und trägt dazu ein Kleid.

Vielleicht entdeckt ihr sie ja!

Paulina Lucas, Klasse 3a, St. Hubertus Grundschule

← Paulina Lucas, Klasse 3a, St. Hubertus Grundschule

Paulina Lucas, Klasse 3a, St. Hubertus Grundschule

Ofen

Olaf, der Ofen

In einer Küche lebte Olaf. Olaf war ein Ofen. Olaf war aber ein besonderer Ofen. Olaf konnte nämlich sprechen.

Heute war sein erster Tag in der Küche. Schon den ganzen Tag weinte er. Tim wollte sich Essen holen, da merkte er, dass Olaf weinte. Tim fragte sich: „Seit wann können Ofen tropfen?"

Olaf antwortete: „Ich tropfe nicht, ich weine."

„Warum weinst du denn?", fragte Tim. Olaf antwortete: „Ich weine, weil ich sprechen kann, jedoch die anderen nicht."

Am nächsten Morgen weckte Tim Olaf und zeigte ihm seinen neuen Freund. Es war Harald, die sprechende Heizung.

Jan Bütow, Klasse 3a, Dreikönigenschule

Sophia Pesch, Klasse 3a, Dreikönigenschule

Pinguin

Der mutige Pinguin

In der Antarktis waren auf einer Insel viele Pinguine. Sie waren sehr schön und auch sauber. Aber ein Pinguin war nicht so sauber wie die anderen. Er hieß Paule und keiner wollte mit ihm spielen, weil er so schmutzig war. Er war darüber sehr traurig. Er spielte immer alleine. Auf einmal fiel er um. Das Eis bewegte sich und er fiel ins Meer. Plötzlich fing das Eis an zu zerbrechen und so schwamm Paule im kalten Meer. Ihm war sehr kalt und er rief laut um Hilfe. Aber niemand kam. Auf einmal war da ein Schwertwal. Paule schrie und schrie. Aber niemand kam. Alle Pinguine auf der Insel sahen den Wal und hatten große Angst. Der Pinguin tauchte ab und gab nicht auf. Er schwamm immer weiter. „Da, da ist ein Loch. Da schwimme ich durch und der Wal bleibt stecken", dachte sich Paule. Alle Pinguine freuten sich, dass der Wal nie mehr zu ihnen zurückkommen konnte, und sie feierten ein großes Fest. Paule war sehr glücklich. Endlich hatte er viele Freunde.

Darja Sihirin, Klasse 3b, Geschwister-Scholl-Grundschule

← Olivia Natter, Klasse 3b, Geschwister-Scholl-Grundschule

Hiranur Irmak, Klasse 3b, Geschwister-Scholl-Grundschule

Quirinus

Tagebuch von Quirinus aus dem Jahr 125 n. Chr.

Liebes Tagebuch,
heute habe ich wieder auf die gefangenen Christen aufgepasst, weil Kaiser Hadrian diesen Glauben verboten hat. Also nahm ich meinen Mut zusammen und fragte den Gefangenen Papst Alexander: „Wenn ihr doch so mächtig seid, müsstet ihr doch meine kranke Tochter heilen können?" Da antwortete er: „Bring sie nur her, ich werde sie heilen." Also brachte ich ihm meine kranke Tochter. Er legte ihr die Hände auf und sie wurde gesund. Voller Freude trat ich zum christlichen Glauben über. Nun will mich Kaiser Hadrian ans Kreuz nageln. Aber ich fürchte mich nicht, denn durch die wundersame Heilung ist mein Glaube stark. Ich hoffe, dass die Menschen den Glauben auch nach meinem Tod weitertragen.
Bestimmt wird alles gut!
Dein Quirinus

Tatsächlich erinnern wir uns heute noch an Quirinus, dessen Überreste im Quirinus-Münster hier in Neuss zu sehen sind.

Felix Geiser, Klasse 3a, St.-Stephanus-Schule

← Katharina Maurmann, Klasse 3b, St.-Stephanus-Schule

Katharina Maurmann, Klasse 3b, St.-Stephanus-Schule

Qq

heilt Quirinus Tochter

Rom

Junge Römer

Kinder im alten Rom hatten, je nachdem, ob es ein Junge oder ein Mädchen und ob ihre Familie reich oder arm war, einen unterschiedlichen Alltag: Kinder wohlhabender Familien besuchten die Schule. Sie lernten Lesen, Schreiben und die Jungen auch das Kämpfen. Die Kindheit der ärmeren Kinder war kurz, sie gingen nur in die Grundschule. Viele mussten arbeiten, um ihre Familien zu unterstützen.

Spaß hatten die Kinder ähnlich wie heute an Spielsachen. Beliebt war Spielzeug aus Holz und Stoffpuppen, kleine Wagen, Brettspiele, Würfel, Murmeln und Schaukelpferde. Später auch Brettspiele, die dem Schach ähnelten.

Generell wurden Kinder als kleine Erwachsene angesehen. Sie trugen die gleiche Kleidung wie ihre Eltern. Manche Mädchen wurden schon mit sieben Jahren verlobt. Mit zwölf Jahren konnten Mädchen verheiratet werden. Ab diesem Alter galten sie als erwachsen. Jungen galten erst ab 14 Jahren als erwachsen.

Malik Muminovic, Klasse 3a und Tom Dirk, Klasse 3c, GG Martinus-Schule Holzheim

← Anna Dirk, AG, GG Martinus-Schule Holzheim

Leyla Hemke, AG, GG Martinus-Schule Holzheim

Schützenfest

Onkel Theo

„So", sagte Onkel Theo zu seinen Zuhörern. „Ich erzähle euch heute, wie das Schützenfest entstanden ist." – „Super", meinten die Kinder. „Ein Mann namens Simon Sendler fand es blöd, dass es nur vier Feste im Jahr gab. Zu Hause fiel ihm auf, dass auf seinem Gewehr Blüten lagen. Er hatte einen Geistesblitz. Am 9.7.1010 hing er einen Hahn auf und machte einen Wettbewerb daraus. Wer es schaffte, dem Hahn den Kopf abzuschießen, war König. Ein Hase hatte Ohrenschmerzen und machte einen Plan. Es nahm die Kugeln aus dem Gewehr und legte Blumen rein. Als der nächste Teilnehmer schießen wollte, flogen Blumen durch die Luft. Alle fanden es so schön, dass sie eine Parade machten. Simon erfand dann noch so etwas wie das Entchenangeln, sein Bruder das Lied", sagte Onkel Theo.

Clara Schwarzwälder, Klasse 3a,
Richard-Schirrmann-Schule

← Paulina Thöne, Klasse 3a, Richard-Schirrmann-Schule

Isabel Vossen, Klasse 3b, Richard-Schirrmann-Schule

Ss

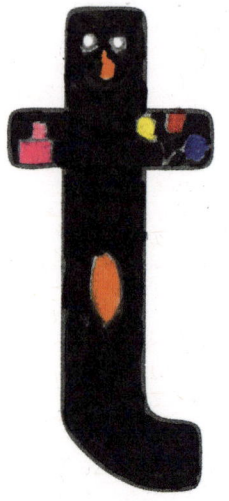

Torte

Die königliche Torte

Im Londoner Zoo lebt der Pinguin Mark. Er träumt jeden Tag davon, in die Antarktis zu fliegen. Eines Tages läuft ein Luftballonverkäufer an seinem Gehege vorbei. Er hält viele Luftballons in der Hand. „Jetzt!", denkt Mark blitzschnell. Er nimmt Anlauf, springt über die Mauer, reißt mit seinem Schnabel dem Verkäufer die Luftballons aus der Hand und fliegt davon. Der Wind ist stark und weht den kleinen Pinguin direkt durch ein offenes Fenster in den königlichen Palast, wo die Königin heute ihren Geburtstag feiert. Wie eine schwarz-weiße Kerze plumpst er in die Torte. In der Küche bricht Panik aus. Gleich muss die Torte raus! Schnell entscheidet der Koch, dass der Pinguin bleibt, und sie dekorieren ihn mit Zuckerguss. Die Königin ist begeistert: „Was für eine tolle Torte!" Alle Gäste lachen und winken Mark fröhlich zu. Er winkt zurück, aber weiß genau: Er muss einen neuen Weg in die Antarktis finden.

Mark Krassovitski, Klasse 3a, St. Andreas-Schule

← Philipp Lutz, Klasse 3a, St. Andreas-Schule

Hanna Lea Gennrich, Klasse 3a, St. Andreas-Schule

Ungeheuer

Das fliegende Ungeheuer

In einem fernen Land lebt ein kleines Ungeheuer.
Es wohnt am Ufer eines Sees. Eines Tages plumpst
das Ungeheuer ins Wasser. Es strampelt und ruft:
„Hilfe, Hilfe, ich kann nicht schwimmen!"
Plötzlich taucht das U-Boot der Maus auf. Sie bringt
das kleine Ungeheuer zurück ans Ufer. Da bemerken
zwei Vögel, dass das kleine Ungeheuer Flügel hat.
„Kleines Ungeheuer, du hast Flügel", sagt ein Vogel.
Das kleine Ungeheuer versucht zu fliegen, aber es
klappt nicht. Die Vögel schlagen vor, ihm das
Fliegen beizubringen, damit das kleine Ungeheuer
nicht mehr ins Wasser fällt.
Ein paar Wochen später ist das kleine Ungeheuer
so gut, dass es die Meisterschaft gewinnt und
Profiflieger wird. Das kleine Ungeheuer ist darüber
sehr glücklich.

Mia Schumacher, Klasse 3a, St.-Peter-Schule

Paula Becker, Klasse 3b, St.-Peter-Schule

Uu

Vogel

Das Vogelbaby

An einem schönen Tag ging ich spazieren und hörte plötzlich ein Piepen.

Ich lief zum Piepen und fand ein Vogelbaby, das auf dem Boden lag. Es konnte nicht mehr fliegen. Aber zum Glück war es nicht verletzt.

Ich suchte nach dem Vogelnest. Es war hoch oben im Baum.

Dann suchte ich einen breiten Stock, damit ich das Vogelbaby tragen konnte, ohne es anzufassen.

Meine Mutter hatte gesagt, dass man Vogelbabys nicht anfassen darf, weil die Vogelmutter sonst das Baby nicht mehr will.

Ich versuchte das Baby mit dem Stock in eine Schale zu legen. So konnte ich es besser tragen.

Danach wollte ich auf den Baum klettern, um das Kleine in das Nest hineinzulegen.

Endlich! Ich schaffte es. Vorsichtig legte ich es hinein. Ups, da sah ich noch ein Baby. Dann kletterte ich vom Baum wieder runter und lief glücklich nach Hause.

Ich war froh, dass ich das Vogelbaby gerettet hatte.

Nisa Demirbas, Klasse 3a, GGS Kyburg

← Angelika Momot, Klasse 3a, GGS Kyburg

Nisa Demirbas, Klasse 3a, GGS Kyburg

Vv

Wolke

Die Wolke Willi findet Freunde

Es war ein wunderschöner Sommertag und Tom war darüber sehr glücklich. Es waren keine Wolken am Himmel. Aber was war das? Eine einzelne Wolke sah er doch. Sie hieß Willi. Willi wollte nicht mit den anderen Wolken weiterziehen und sagte: „Ich möchte hier Freunde finden." Tom antwortete begeistert: „Wir können doch Freunde sein!" Willi freute sich sehr und flog hinunter zur Erde. „Steig auf!", rief er. Und so flogen die beiden gemeinsam um die Welt. Nach einer Weile wollte Tom gerne wieder nach Hause. Willi setzte ihn ab und verabschiedete sich: „Tschüss! Wir sehen uns dann vielleicht irgendwann wieder!" Er flog weiter und Tom winkte ihm hinterher. Tom lag in seinem Bett und dachte: „Mein Bett ist schön weich, aber Willi ist noch viel weicher ..." Dann fiel er in einen tiefen Schlaf und träumte von der gemeinsamen Reise.

Lotta Adomeit, Klasse 3c, GGS Kyburg

← Frieda Homey, Klasse 3d, GGS Kyburg

Ela Defne Ilkayli, Klasse 3d, GGS Kyburg

Ww

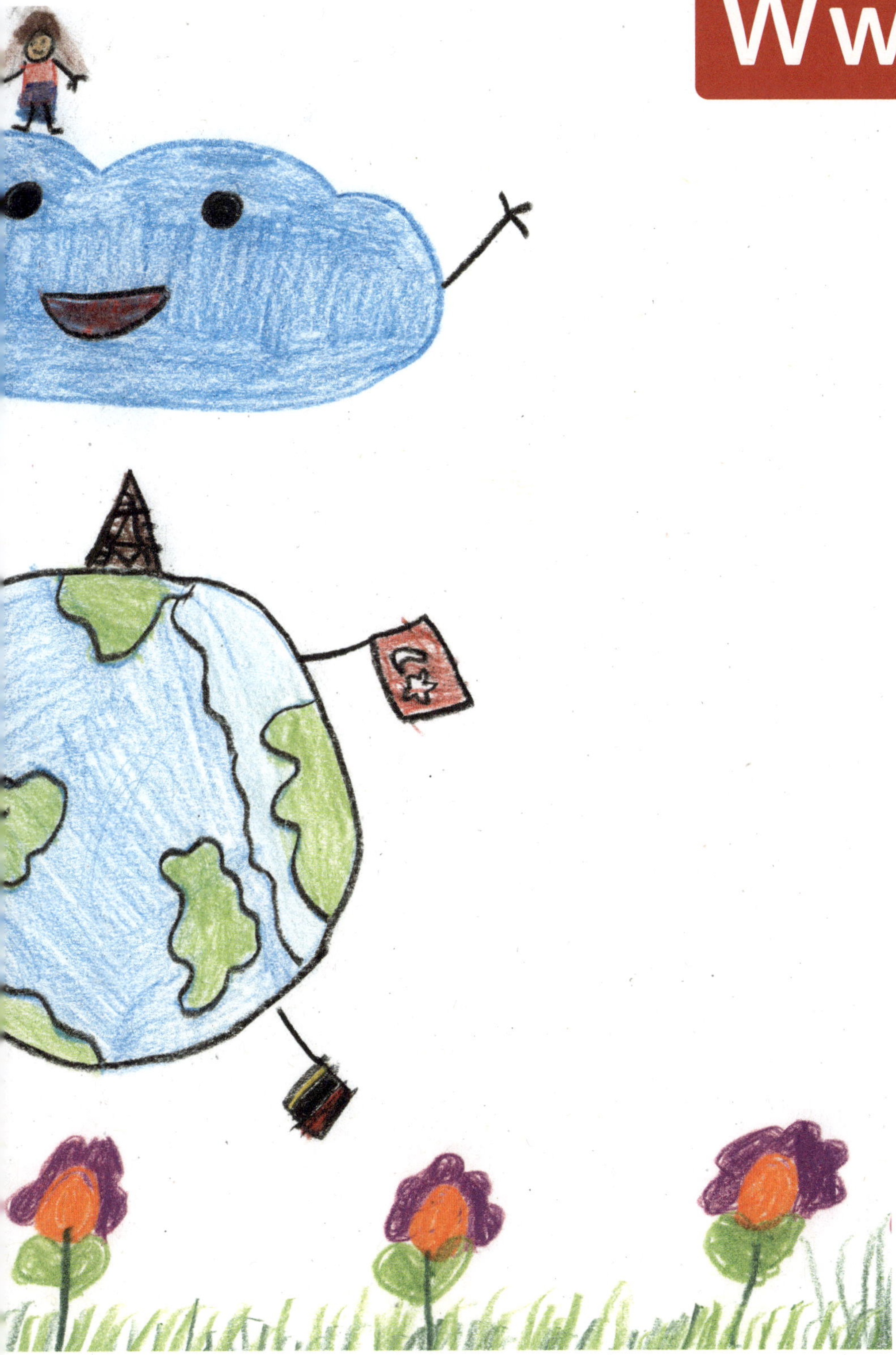

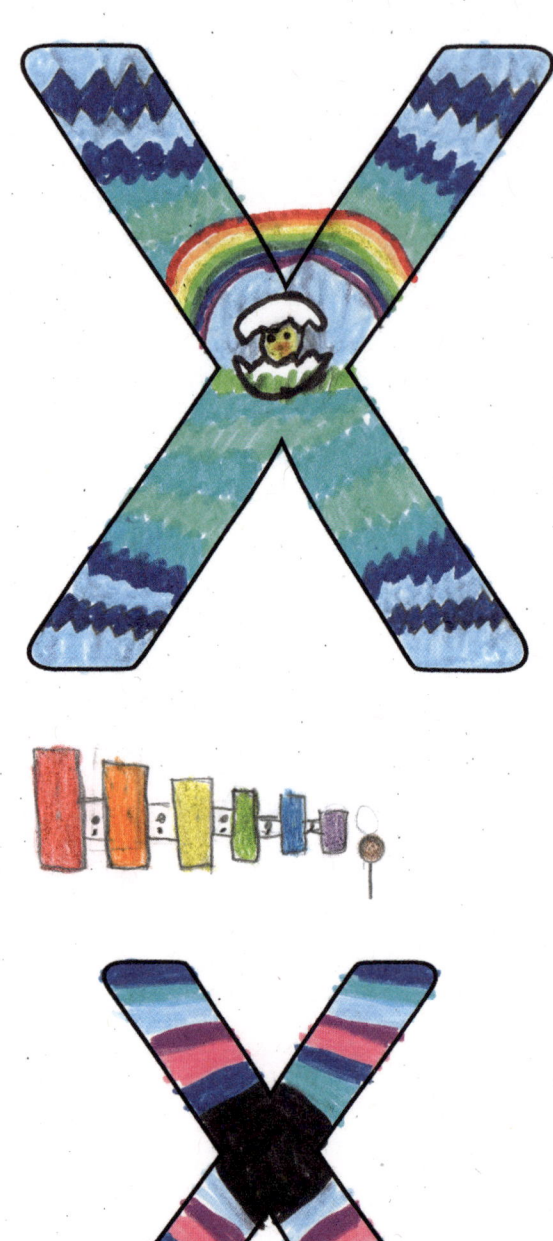

Xylophon

Das verschwundene Xylophon

Es war einmal ein schöner Sommerabend, an dem Fritzi gerade auf seinem Xylophon spielen wollte. Doch das Xylophon war weg! „Wo ist mein Lieblings-Xylophon?", rief er, zog sich an und ging raus. Er wollte sein Xylophon wiederhaben. Vor seiner Tür lag ein Zettel. Komisch, es war niemand zu sehen. Fritzi las: „Wenn du dein Xylophon wiederhaben willst, dann geh zum rechten Park der Stadt." „Der rechte Park" – was sollte das bedeuten? Vielleicht war der Park am rechten Stadtrand gemeint? Fritzi rannte los. Da, wieder ein Zettel, auf dem stand: „Jetzt geh in den Laden neben dem Park, schau unter den Xylophonen."
„Welcher Laden? Ah! Der Musikladen! Zum Glück hat er noch offen", rätselte Fritzi.
Unter den Xylophonen lag wieder ein Zettel: „Na gut, willst du dein Xylophon wirklich wieder, dann grabe im Sandkasten am Piraten-Spielplatz ein Loch." Fritzi holte eine Schaufel. Nachdem er eine Weile gegraben hatte, stieß er auf eine Kiste mit einem Xylophon und einem Zettel, auf dem stand: „Na? Hat dir die kleine Schnitzeljagd gefallen?"
„Aber natürlich!", sagte Fritzi und ging glücklich nach Hause. Dort erfuhr er von seiner Mutter, dass sie ihm eine Freude machen wollte, weil ihm immer so langweilig war.

Justus Keuth, Klasse 3c, GGS Allerheiligen

← Noelia Lebastard Soto, Klasse 3b, GGS Allerheiligen

Valerie Thom, Klasse 3a, GGS Allerheiligen

Yoga

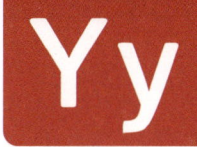

Yannick und seine Mama Yara beim Yoga

Yannick geht mit seiner Mama Yara zum Yoga-Kurs. Yara liebt Yoga.

Alle Teilnehmer sehen für Yannick wie Tiere aus, weil die Yogafiguren Tieren ähneln. Sie sehen zum Beispiel wie Schlangen aus.

Yannick will mitmachen, es ist aber zu schwer für ihn. Er hat keine Kraft mehr und ruht sich einen Moment aus. Nachdem Yannick sich etwas ausgeruht hat, hat er wieder Kraft und probiert weitere Yogaübungen aus. Yannick ist sehr stolz und will seiner Mama eine Übung zeigen. Doch er sieht seine Mama nicht und ruft laut: „Mama, wo bist du?"

Yannick bekommt keine Antwort und fragt den Yogalehrer: „Weißt du, wo meine Mama ist?"

Der Yogalehrer antwortet: „Ich glaube, da ist deine Mama." Aber das ist sie nicht. Yannick hat eine Idee. Er schreit laut: „Mama!"

Da kommt Mama Yara angelaufen und sagt: „Komm Yannick, wir machen zusammen die Yoga-Übung ‚Herabschauender Hund'."

Beide schaffen die Übung nicht und müssen laut lachen.

Miran Özmen, Klasse 3b, Dreikönigenschule

← Davina Renée Jacquemin, Klasse 3b, Dreikönigenschule

Nafas Hashemi, Klasse 3b, Dreikönigenschule

Yy

Zebra

Das Zebra in der Schule

Es war einmal ein Zebra. Es ging im Wald spazieren und hatte sich verlaufen. Das Zebra hatte Angst und begann zu weinen. Als das Zebra weinte, konnte es plötzlich reden. „Oh, ich kann reden! Kann das möglich sein? Tausend Dank, lieber Wald." Als es weiterging, war es fasziniert. Es sah zum ersten Mal etwas Großes: „Ist das ein Haus oder ein Schuh-Palast?" Tatsächlich war es eine Schule. Das Zebra betrat die Schule und traute seinen Augen nicht. Tausende von Kindern waren dort. Ein Kind kam zum Zebra und begrüßte es: „Willkommen in unserer Schule." Es nickte fröhlich und sagte: „Schön, dich kennenzulernen. Kann ich hier wohnen?" – „Ja natürlich!", antwortete das Kind. Das Zebra lernte Buchstaben. Als es alle Buchstaben gelernt hatte, schrieb es eine Geschichte. Die Lehrerin sagte: „Morgen feiern wir eine Party, weil du gekommen bist." Das Zebra rief: „Ich möchte mitfeiern!" Seit diesem Tag lebte das Zebra in der Schule und lernte richtig viel.

Sara Nazih, Klasse 3a, Geschwister-Scholl-Grundschule

← Laura Meza Vegara, Klasse 3a,
Geschwister-Scholl-Grundschule

Josephine Altendorf, Klasse 3a, Geschwister-Scholl-Grundschule

Zz

Dies sind die Namen von allen Kindern, die Bilder gemalt und Geschichten geschrieben haben:

Kamyar **A**bbas · Alshater Abd Alkader · Malik Abdel Moneim · Amina Abkar · Lilly Achterfeldt · Amalia Acri Monteiro · Jolesha Adebisi · Mina Adnan · Lotta Adomeit · Klara Affeldt · Atlas Aggül · Amin Ahfir · Fateha Ahmad · Mohammed Ahmed · Anes Ahmeti · Marina Aksanian · Milad Al Ahmad · Reval Al Khayat · Yakoub Alabdullah · Ayaz Ali · Rokan Ali · Arkan Ali Rashed · Mustafa Alkan · Siyad Al-Modallal · Marisol Alonso · Josephine Altendorf · Martha Althaus · Tian Altuntas · Marlon Alvarez Schmidt · Mirabelle Aman · Nico Andruszojc · Muzhda Ansari · Noah Arens · Benjamin Arndt · Merve Arpa · Selin Arslan · Lorin Arslan · Aswanth Sree Arunmoorthy · Benjamin Assadpour Zamharir · Jacob Aßmann · Miray Ata · Lina Atipi · Justus Aufmkolk · Nea Avdija · Anissa Ayahya · Mirac Ayaz · Büsra Aydin · Miran Aykanat · Muhammad Azdouffal · Zara **B**abar · Lounis Bagai · Lara Isabella Bahr · Ben Baily · Elias Bajdelspacher · Ardian Bajrami · Anton Adrian Bakay · Yusef Baker · Aléa Bal · Alexander Bar · Patricia Barrios Picón · Noah Barth · Lara Baßmann · Sam Bastani · Carla Bauer · Sophie Marie Bäumer · Thomas Bayerschen · Müge Bayindir · Paula Becker · Neele Behr · Delara Behzadafshar · Collin Beitler · Arti Bejta · Henriette Bendels · Constantin Bender · Emilian Bender · Jana Bender · Hind Benkacem · Valentin Bennert · Tim Benz · Nuria Berger Funes · Alina Bersanov · Luca Bertram · Ilyas Besikoglu · Sina Beyer · Arham Bhatti · Lara Bilen · Milan Bilk · Eymen Biyikli · Lennard de Blaer · Teresa Blando · Natan Blaszak · Anton Block · Levin Blümer · Aleksandra Bogdanova · Kiara Bohle · Lukas Böhm · Sarah Böhm · Jeanna Bohr · Miray Bolten · Hendrik Bommer · Zoe Bonn · Sofiia Borovska · Theo Bösing · Amélie Bovenschen · Nevia van Boxmeer · Asena Bozkurt · Fabio

Brandão · Lennart Brandt · Lewis Brandt · Lilou Braun · Erla Bregu · Beatrice Breidenbach · Elisa Breidenbach · Mats Brenke · Eva Bruck · Nicole Bruger · Amelia Buchbender · Jan Buckner · Nhu Anh Bùi · Luisa Bujic · Helena Bukartyk · Tor Bul Toor · Emil Bünzel · Mira Burbach · Jana Burkard · Charlotta Burkarth · Pia Bürrig · Jan Bütow · Luisa Bütow · Uerda Bytyqi · Sara **C**aceres · Muhammed Safa Cakmak · Asmin Cantürk · Ömer Catmakas · Zerda Cayir · Ahmet Firat Celik · Ebubekir Ceran · Bilal Cetin · Amina Charki Arbib · Miray Cherkez · Yusuf Chobanov · Lionel Chovanec · Milan Cidem · Lucas Cieslak · Devran Cem Cil · Anil Cinar · Semih Bulut Citim · Yagmur Citim · Catherine Clemens · Julius Cohburg · Taha Cona · Serif Cosovic · Delia-Simona Crăciun · Jakob Cremer · Margarida Cruz Bez Fontana · Marlene Czogalla · Sufyaan **D**ahir Ali · Elaine Dai · Rhema Daniels · Aayat Dar · Aaliyah Darwis · Kerem Davarci · Emma Davies · Elias Deckert · Tilda Degelmann · Rüzgar Deger · Lara Dekinger · Rafaela Delkou · Mustafa Demir · Nisa Demirbas · Ecrin Miray Demirci · Yavuz-Selim Demirel · Liza Demirtas · Sarina Demme · Maxime Déniel · Elyas Denjel · Sarah Derbouz · Amol Dev · Gabriel Dickel · Louis Dicken · Milian Dickmann · Julina Diekneite · Lina Dihlmann · Lazar Dimitrov · Anna Dirk · Tom Dirk · Arian Djavid · Emma Dorok · Nick Dorweiler · Nizar Douddouz · Kostiantyn Dovgopolov · Emilija Dragas · Sophia Draguhn · Leonie Drehmel · Benedikt Düking · Hanna Dürbin · Muhammed Ali Dursun · Berkay Düzüngü · Sofia Dvornichenko · Emely Dyllong · Elshad Dzhafarli · Ida **E**bertz · Seyed Ebrahimi · Leonie Ehlen · Hanna Ehlers · Cornelius Ehm · Tessa Eidinger · Kenan Ekici · Oualae El Asri Fethi · Rania El Khattouti · Younes El Ouamari · Nneoma Tamara Emeruwa · Max Engels · Liah Erdmann · Mustafa Eren · Elias Ermes · Oskar Ernst · Moritz Ervenich · Sofia Erzgräber · Oliver Esser · Klara Ewers · Christian **F**abri · Kai Falkenberg · Ayub Jama Farhan · Lena Farrenkopf · Lina Fegers · Johann Feldmann · Maximilian Felk · Isabella Ferreira · Jonathan Festner · Emma Fiedrich · Aaron Fiegel · Ben Findeisen · Alma Fischer · Carina Fischer · Kennet Fischer · Lucas Philipp Fischer · Niclas Fischer · Maximilian Flatau · Chelsea Isabella Fleck Ventura · Nelson Fleischhauer · Anton Floß · Noel Fluks · Zoe Fothen · Jakob Franke · Lennard Franken · Emmi Franzen · Lennart Freistühler · Benjamin Frenzel · Esther Freund · Emilia Freytag · Noemi Amilia Friauf · Mia Frickart · Wilma Fritz · Mike Furdik · Maryam **G**ad · Friedrich Freiherr von Gagern · Emma Gaida · Luka Gašić · Emir Gavas · Nathan Gebicki · Aron Gebremariam · Felix Geiser · Hanna Gennrich · Adrian Georg · Pacal Gerdes · Theo Geßmann · Helena Gierth · Emilie Giese · Mats Giesen ·

Sophie Marie Gilliam · Beyza Girgin · Julia Gisbertz · Lena Glasmacher · Nele Glossat · Leon Goeldner · Antonia Goffart · Tillmann Goffart · Melek Göktas · Kaan Göl · Soraya Ana Goncalves Ferreira · Felipe Gonzalo Fischer · Svea Göpfert · Sadie Gospodinova · Lou Mina Goßen · David Gossen · Poyraz Gözelce · Felix Gräfenstein · Lillian Grey Reckerth · Noah Gruschka · Lea Grzebinoga · Selim Güler · Lelia Gustorf · Emir Güven · Kerem Güven · Aurelia Hacker · Mats Haehn · Novalie Hafemann · Johanna Hägelen · Benjamin Hendrik Hagt · Thalia Juline Hahn · Emilia Hahnen · Jamil Hajji · Annette Hakopian · Annabelle Halffter · Shirin Hamakan · Adem Hamid · Matti Hammes · Anis Hamouda · Lotta Hampel · Amir Hamzian · Aaliyah Haouati · Sarah Harder · Ibtissam Harfouf · Clarissa Hartmann · Noah Hartouni · Julie Harutyunyan · Nafas Hashemi · Feto Hassan · Lehat Hassan · Lennox Hassels · Mbuta Hatika · Jamie Hebbinghaus · Amelie Heckeroth · Jayden Heeren · Sophie Heinrichs · Carla Heißenberg · Jamaal Heister · Mathilda van Helden · Leyla Hemke · Leonard Hennen · Frieda Hepermann · Taisiia Herasymenko · Lia Herdt · Maximilian Herfs · Mia-Sophie Hermani · Johannes Friedolin von Herz · Jackson Hess · Erik Hildebrandt · Max Hildebrandt · Uljana Hildenberg · Hannah Hilgers · Lena Hillebrand · Ariana Hinduja · Aleyna Hodzic · Paulina Lou Hoffmann · Sofia Hoffmann · Zoe Hohn · Nathaniel Holländer · Frieda Homey · Timo Hoppe · Mats Horn · Adelina Hörz · Maxim Hörz · Milan Hostertz · Louis Hoyer · Jonathan Hoyk · Kico Hryharenka · Viktoria Huba · Anahit Hunanian · Jakob Hundertmark · Thea Hüppe · Lian Hüsges · Dielli Hysaj · Aylin Ibrahim · Milena Ignjatovic · Yehor Ilchenko · Lina Ilijazi · Ela Defne Ilkayli · Hiranur Irmak · Sean Ito · Marharyta Ivanichenko · Bozhidar Ivanovski · Davina Renée Jacquemin · Amir Jafir · Nele Rebecca Jager · Emilia Jahr · Piet Jakisch · Bubacarr Jallow · Lamis Jandali · Stella Jansen · Hanna Januskevicius · Laura Jesolowitz · Tessa Jochim · Laura John · Gabriella Johnson · Giuljana Jordanidis · Ariana Josef · Josephine-Emilia Jünemann · Helena Jung · Leander Jung · Maximilian Jung · Henry Alexander Junker · Ben Juris · Zoe Kaiser · Ikra Kalem · Jannes Kalkowski · Miran Kamis · Nura Kamis · Mia Kamm · Tristan Kammler · Sanchit Kandekar · Hakan Karaarslan · Kaan Karafil · Atakan Karakaplan · Fatih Kaan Karakoc · Ayaz Ali Karakus · Zerya Asmin Karatas · Levent Karbigac · Joachim Karcz · Moritz Kaselow · Vincent Kasprowicz · Anna Kaster · Vaya Katsogridakis ·

Aishleen Kaur Singh · Leonie Kauter · Elizan-Mirac Kavlak · Aras Kaya · Erva Kaya · Arian Kaygalak · Berzan Kaz · Tatyana Kazakova · Nirvan Kazemian · Henry Kehrmann · Ida Marie Keller · Leonie Kemper · Marilyn Kempf · Friederike Kempfert · Justus Keuth · Asalah Khadija · Faiza Khalaf · Miran Khaleel · Tawhid Khiali · Adelia Kibler · Tuana Kiliç · Mats Kirschbaum · Sina Kirsznik · Dea Konstantina Kirtsos · Greta Kisic · Anastasia Klass · Amelia Klee · Hedi Klein · Emilia Kleinebrecht · Emelie Kleinermanns · Lou Leni Kleiß · Katharina Klingen · Simon Klitta · Konstantin Klug · Marie Kobus · Benedikt Koch · Annabella Koder · Cemre Köktas · Yeliz Kolukisa · Jonathan Königshofen · Fiona Könnecke · Frieda Köppinger · Miray Korkmaz · Ömer Korkmaz · Margareta Korte · Hayagreev Kothandaraman · Amelie Kozan · Sofia Krakhmalova · Diar Krasniqi · Leonie Krause · Rob Kreuseler · Mia Kreuter · Emma Krings · Lotta Krings · Thies Kroening · Hannes Kroening · Sinah Krosch · Mathilda Krüll · Jonas Krumscheid · Leander Kubica · Justus Kuhlen · Vithunesh Kumaravelu · Filip Kunicki · Frederic Kunz · Emilia Kursun · Arijon Kurtesi · Jonas Kuß · Nele Küsters · Laila Laabidi · Lovro Labavic · Dunja Laghmouchi · Lara Lameck · Melissa Lang · Aaliyah Fiona Lange · Maximilian Lange · Mila Latos · Noelia Lebastard Soto · Alexander Leiser · Annika Lenz · Lena Isabell Lethen · Emilia Leuthner · Wanda Lewinski · Emilia Johanna Lex · Frida Ley · Edison Li · Qianyang Li · Konstantin Libertus · Leonardo Liebens · Ole Lieber · Talina Liebertz · Clea Liethen · Alexander Lifia · Benjamin Linnartz · Rafael Linnartz · Giulia Löbig · Ben Lohde · Philipp Lokshin · Fiona Longerich · Pius Loosen · Adriano Lopez Garcia · Julia Loresch · Paulina Lucas · Fabian Luck · Jessica Luksza · Philipp Lutz · Eldion Luzha · Emilia Maasch · Divine-Mikonde Mabwati · Izabela-Ştefania Maftei · Emilio Magliarisi Boo · Naoual Mahli · Lina Mahrach · Eleonore Maier · Urszula Majewska · Hassan Malang · Anna Malchun · Patrice Malek · Nuraj Mamedova ·

Milana Marcenko · Tomo Marić · Maryam Marsou · Amelia Mass · Lukas Mathoul · Katharina Maurmann · Hüseyin Mavigök · Maya Maxis · Lotta Mecke · Mike Meierhöfer · Souad Mejri · Hannah Melzner · Ramadan Memeti · Sina Menge · Samuel Mertens · Franco Mettbach · Birko Meyer · Laura Meza Vegara · Paul Michel · Konrad Michels · Mithiran Milenthirabahavan · Vanessa Miller · Viktoria Minaew · Amina Minawi · Husseyn Minawi · Liana Minor · Amilda Mirza · Nestor Mitsakis · Alexander Modling · Eyla Mohammad · Arad Mohebi · Artemis Mohebi · Maximilian Molitor · Franz Möllemann · Ben Möller · Mia Möller · Angelika Momot · Kiyan Moravvedj · Noah Morgan · Mila Motyka · Ilyas Mrabti · Mateen Muhammad · Henri Vincent Mulch · Ben Müller · Charlotte Müller · Malik Muminovic · Oviya Nagendirarejah · Amin Najiib · Leon Najmann · Pablo Narciandi · Olivia Natter · Khan Nayel · Lina Nazari · Lisa Nazari · Secil Nazari · Sara Nazih · Anuar Nebihi · Jawad Nehme · Irma Nehrkorn · Kseniia Nezhentsev · Bui Vi An Nguyen · Luca Nickolaus · Luke Niegoth · Ella van den Nieuwendijk · Jane Nieweg · Max Niewolik · Vito Nikolovski · Milena Ninous · Mandy Noori · Till Henri Nover · Maximilian Nowack · Hannah Nowak · Jonathan Nowak · Mila Nowak · Elias Nowakowski · Maddox Nuxoll · Batuhan Ocakdan · Elyas Ödemis · Magdalena Odenthal · David Oelze · Lotta Offer · Salih Oktaş · Esila Oktulmus · Samira Olbrich · Youssef Omar · Ariel Omidi · Salih Omral · Emilia Oppermann · Nacho Osmanov · Henri Ostrowsky · Erik Otschkassov · Sophie Otsuka · Julius Otte · Artjom Owtscharow · Ecmel Özdemir · Ensar Özen · Hira Özgün · Miran Özmen · Leni Pahs · Tom Pajek · Alexandros Papadopoulos · Maxim de Parade · Nikola Pavlovic · Luise Pelzer · Dylan Peng · Robin Pergens · Chiara Perl · Nazar Pershyn · Sophia Pesch · Giulia Pesci · Anna Peters · Clemens Emil Peters · Vincent Peters · Noemi Petrovic · An Vy Phạm · Joseph Pham · Erik Philipsen · Mathilda Philipzig · Marvelous Phillips · Benedikt Piatkowski · Maximilian Piel · Liam Pilz · Oleh Plitko · Mats Pohlmann · Zlata Poliantseva · Lazar Popvic · Karolina Portus · Linda Pott · Sophie Preininger · Jona Preißner · Nele Preißner · Amir Prera Mountaouafir · Katharina Preßer · Verena Prühs · Omar Qasem · Ajan Qerkini · Adrijan Quolli · Jannes Rabe · Kadisha Ramadanović · Lotta Rambow · Moritz Range · Dawina Rashid · Leonard Rattunde · Emma Ratz · Matti Reber · Chiara Rechtien · Luciana Rehe · Finja Reitz · Max Remiger · Lucas Ren · Alicia Renner · Max Rettich · Shayan Rezvanpanah · Johannes Richartz · Lea Richter · Sarina Rida · Johanna Riemel · Maximilian Riemer · Kimberly Ries · Dexter Riese · Lea

Ritter · Marius Rixen · Oskar James Robinson · Anton Rodde · Oleksandra Rodina · Diego Milan Rodriga Sosa · Danylo Rogatiuk · Vanessa Roos · Johanna Röser · Arissa Roshan Hosein Abadi · Noah Rothkegel · Yara Rouchdi · Jonathan Rühmkorf · Mona Runge · Julian Rust · Anton Rutsch · Amelia **S**abah Motlib · Mirahmad Sabhiwe · Marina Viktorija Sabljak · Johanna Sachrau · Julia Sachs · Hevin Sadik · Tymofii Saienko · Liam Saizew · Mela Sajed · Hevi Saleh · Maryam Saleh Tharwat · Lejla Samardžić · Ronja Samel · Henri Sandkaul · Maya Paulina Sandner · Clara Sardemann · Sarina Sarwari · Luis Sas · Marlene Sauer · Julius Sawroch · Ömer Sayhan · Arin Diljin Sayik · Arne Schäfer · Julian Schäfer · Marie Schargitz · Maria Scharpilow · Jan Scheeben · Lina Scheiermann · Sophie Schellhaus · Bella Schilbock · Julian Schilling · Anna Schlaak · Sophie Schlangen · Thilo Schlegel · Tobias Schlidt · Hannah Schmidt · Joachim Konstantin Schmitz · Sami Schneider · Isabel Schneiders · Henry Alexander Schnitger · Emil Schoel · Ella Schoen · Samuel Scholten · Finja-Julie Scholtus · Jimmy-Jordan Scholz · Katja Schröder · Lea Schubert Otaegui · Mark Schulz · Matthis Schulz · Mia Schumacher · Nic

Schumacher · Henri Schwarz · Giuliano Schwarzbrunn · Clara Schwarzwälder · Pauline Schwethelm · Hamza Sealiti · Sarah Sedlmair · Jonas Seebert · Nadja Sehmehmedovic · Elay Amadeus Seifert · Nika Selivanova · Marlon Semrau · Angelina Sender · Izel Sener · Egemen Seyrek · Eray Sezen · Melissa Sezgen · Hivroun Shik Zenal · Aysan Shoureshi · Ben Siekiera · Janne Siemsen · Darja Sihirin · Luis Lasaros da Silva · Jasleen da Silva Fernandes · Valentina de Simone · Leonhard Singer · Agrima Singh · Gurjasbir Singh · Sartaj Singh · Samuel Siodlaczek · Till Skoda · Sofia Skoric · Maxim Skorzow · Fynn Soares de Oliveira · Adriana Sobral dos Santos · Isabella Sölch · Hristina Solovej · Mats Sommerkamp · Emilia Soto Goncalves · Sophia Stange · Ioana-Teodora Staut · Ida Stein · Jonas Stein · Clemens Steinhauer · Yan Steinhilber · Victoria Steves · Celina Stickel · Sofia Stioukis · Levin Stockdreher · Ilias Stojilkovic · Jan Strerath · Alessia Strumm · Nikodem Stryjas · Lennard Stübben · Emilio Styra · Julia Suarez · Amara Sulaiman · Minu Sürmeli · Henry Sutter · Len Sydow · Filip Szatan · Christian Szepan · Victoria Szewczyk · Alina Taach · Maxim Tabert · Arad Takalouzadeh · Ahlam Tamo · Emilia Tappermann · Barak Tchatikpi · Fatimanur Tekin · Narin Tekin · Carlotta Tews · Julian Thal · Johanna Thaleikis · Tom Thalmann · Ricarda Theissen · Luis Theuner · Lennard Felix Thiel · Valerie Thom · Paulina Thöne · Luca Tiefert · Mila Tiemann · Annabell Tieves · Sophia Tillmanns · Anhelina Tkachuks · Aurora Todorović · Liam Toennessen · Elisa Tolles · Nila Topal · Ensar Topalli · Fernando Toribio Marcus · Dilek Tosuzova · Jolina Touihri · Nicole Tretjak · Frederik Trinkl · Paul Trinkl · Maria Tsakiridou · Mikail Tulumoğlu · Hanna Uhländer · Sara Canan Ulusoy · Kerem Uyar · Emilia Teresa Vaara · Pina Vallese · Merle Vaßen · Nele Veiser · Jonas Vergoosen · Clemens Versin · Roko Vidović · Diego Vierheller · Amy Vieten · Benjamin Vieten · Sanvika Vijayanantham · Edlira Vishi · Denisa Vllasa · Cait Voermans · Lotta Voet van Vormizeele · Nina Vogel · Nicolas Vogels · Arnika Voloshchenko · Emma Voß · Eric Voß · Isabel Vossen · Jakob Voßwinkel · Tam Nhu Marie Vu · Max Wagener · Elin Wagner · Matti Walber · Milina Waljawin · Maximilian Walter · Alessia Walujski · Lucas Wang · Johanna Wankum · Elina Wannagat · Emma Waschkuhn · Isabel Wasel · Nico Weber · Philipp Weber · Romy Weber · Annie Webster · Katelyn Weckopp · Jana Weger · Nele Weide · Emily Luisa Weiß · Jerome Wellenberg · Ben Welter · Leopold von Wendt · Enya Wesolowski · Emily Westerhaus · Charlotte Westkamp · Emilia Westmeyer · Jamie Westphal · Ben Weyergraf · Emily Weyers · Henry Weyers · Finn Wichmann · Gregor Wiegel · Piet Wiesmann · Emilia Wilden · Ida Wilhelm · Phillip Wilschrey · Finn Wolf · Leon Wolters · Benko Won · Charlotte

Woosmann · Alma Wörle · Nick Woschytzki · Disy Wu · Kimi Qipeng Wu · Meng Yin Wu · Artin Wuschick · Luka **X**ia · George Xu · Vivian Xu · Altan Mert **Y**alin · Arwa Yasin · Kimberley Yeboah · Nisa Yildirim · Esmira Sibel Yüksel · Emilia Yzeiraj · Mia Marie **Z**acheja · Ayet Allah Zaibi · Linda Zali · Ben Zanders · Amina Zariouh · Johanna Zeilhofer · Anouk Zentis · Kaspar Zerfaß · Soraya Zeriouh · Sophie Zhang · Jiasheng Zhou · Dmitro Zhukov · Zlata Zhurukhina · Christoph Ziegan · Sam Zierold · Arik Zoller · Alina Zühmendorf · Cécilia Zumbé

Vielen Dank!

Vielen Dank! Das von den Herausgebern ehrenamtlich durchgeführte Projekt ‚Das erste Buch' wurde gefördert von:

planetmutlu

Carl Ed. Schünemann KG

Uzuner Consulting GmbH

Kinderstiftung Lesen bildet

Rhein-Kreis Neuss

Sparkasse Neuss

Stadt Neuss

PLANETMUTLU

CARL ED. SCHÜNEMANN
VERLAGSHAUS SEIT 1810

KINDER
STIFTUNG
LESEN
BILDET

rhein
kreis
neuss